La colonización de Texas

de Texas

Misiones y colonos

T0136638

Stephanie Kuligowski, M.A.T.

Consultora

Devia Cearlock
Especialista en estudios sociales de jardín
de niños a 12.° grado
Amarillo Independent School District

Créditos de publicación

Dona Herweck Rice, *Jefa de redacción*
Conni Medina, *Directora editorial*
Lee Aucoin, *Directora creativa*
Marcus McArthur, Ph.D, *Editor educativo asociado*
Neri García, *Diseñador principal*
Stephanie Reid, *Editora de fotografía*
Rachelle Cracchiolo, M.S.Ed., *Editora comercial*

Créditos de imágenes

Tapa, pág. 1, 2–3: North Wind Picture Archives;
pág. 4: iStockphoto; pág. 5 (izquierda): iStockphoto;
pág. 6: Newscom; pág. 7 (arriba): North Wind Picture
Archives; pág. 8: North Wind Picture Archives; pág. 9:
The Granger Collection; pág. 10 (arriba): Newscom;
pág. 10 (abajo): Bridgeman Art Library; pág. 11
(arriba): Alamy; pág. 12: National Archives; pág. 13:
Bridgeman Art Library; pág. 14 (arriba): Album/Prisma/
Newscom; pág. 14 (abajo): The Granger Collection;
pág. 15: Newscom; pág. 16: El Universal de México/
Newscom; pág. 17: The Granger Collection; pág. 18:
The Granger Collection; pág. 19 (izquierda): Alamy;
pág. 19 (derecha): iStockphoto; pág. 20: North Wind
Picture Archives; pág. 21: University of Texas; pág. 21
(lateral): North Wind Picture Archives; pág. 22: Corbis;
pág. 23: Josephus Arias Huerta (1821), Public Domain
via Wikimedia; pág. 24: State Preservation Board,
Austin, Texas; pág. 25: Angela Orlando/Flickr; pág.
26: The University of Texas at Austin; pág. 27: Alamy;
pág. 28: LOC [LC-DIG-pga-04000]; pág. 29: The Granger
Collection; pág. 29 (lateral): Newscom; todas las demás
imágenes de Shutterstock.

Teacher Created Materials

5301 Oceanus Drive
Huntington Beach, CA 92649-1030
http://www.tcmpub.com

ISBN 978-1-4333-7211-7

Tabla de contenido

Una competencia feroz

En 1492 España envió a Cristóbal Colón a que encontrara una nueva ruta hacia las Indias Orientales. En vez de eso, Colón se encontró con una parte del mundo donde casi ningún otro europeo había estado. Esta parte del mundo llegó a conocerse como **hemisferio occidental**, o el Nuevo Mundo.

España creía que tener tierras del otro lado del océano Atlántico le daría más poder. Además, esperaba encontrar allí oro y otras riquezas. A medida que España se adjudicaba más tierra sus vecinos comenzaron a notarlo, en especial Francia. España tomó posesión de tierras en la zona sur de Estados Unidos y en México. Francia, a su vez, se adjudicó partes de Canadá y del norte de los Estados Unidos. En la década de 1680 Texas se convirtió en objeto de una competencia feroz entre estas dos potencias europeas.

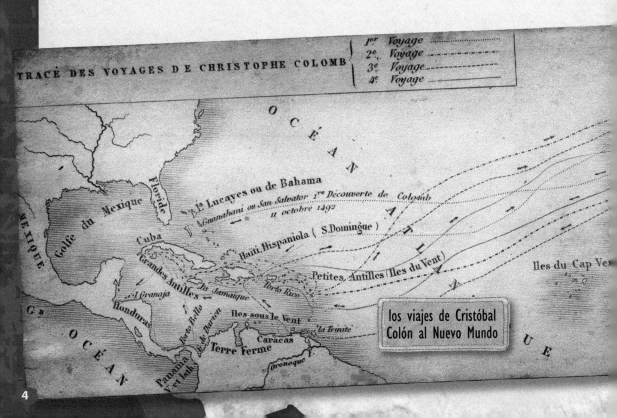

los viajes de Cristóbal Colón al Nuevo Mundo

Cristóbal Colón

España había reclamado a Texas para sí a principios del siglo XVI, pero no se **asentó** en la región por varias décadas. En 1682 el explorador francés René-Robert Cavelier Sieur de La Salle siguió el río Misisipi hasta el golfo de México. Más tarde, construyó un fuerte francés en la costa de Texas.

España envió soldados a destruir el fuerte francés. Pero cuando finalmente lo encontraron en 1689, estaba desierto. Como respuesta, los españoles construyeron su primera **misión** en la zona este de Texas.

oro

Un plan a gran escala

En 1684 el rey Luis XIV de Francia envió a La Salle a América para que construyera un fuerte en la desembocadura del río Misisipi. Desde allí, los franceses podían atacar a los españoles y quedarse con sus minas de oro y plata en México.

El río perdido

Cuando La Salle regresó al golfo de México no pudo encontrar el río Misisipi. Por error ingresó a la bahía de Matagorda, en la costa de Texas. Fue allí, a 400 millas (644 km) del Misisipi, que construyó el fuerte St. Louis. La **colonia** no duró mucho, pero cambió el curso de la historia de Texas.

Nueva España
Misiones y presidios

Hernán Cortés

Hernán Cortés fue un **conquistador** español. Su misión era conquistar el Nuevo Mundo. En 1521 destruyó el imperio azteca en México. El reclamó esas tierras para España. La colonia de Nueva España abarcaba desde Panamá hasta el suroeste de Estados Unidos.

Pasaron cerca de 100 años antes de que España ocupara la frontera norte. Esto quiere decir, la región al norte del río Grande. La región incluía lo que hoy son California, Nevada, Arizona, Nuevo México, Utah, Colorado y Texas. El control español en estos lugares era débil.

Para fortalecer su posición, el gobierno español envió **misioneros** a que se establecieran en la región. Los misioneros eran sacerdotes católicos romanos que deseaban enseñar a los indígenas americanos sobre el cristianismo. Construyeron iglesias, escuelas y casas. A estas villas se les llamó *misiones*.

En general, el ejército español construía un **presidio**, o fuerte, cerca de cada misión. Los soldados españoles se apostaban en los presidios. Protegían a las misiones de los indígenas americanos **hostiles**. El sistema de misiones y presidios se diseñó para fortalecer la posición de España en la región.

El primer intento de fundar una misión fue en 1632. Lentamente, los misioneros colonizaron la zona. En total se construyeron 35 misiones españolas en Texas entre 1632 y 1793.

El ejército español de Cortés conquista una ciudad azteca en México.

Aztecas

Los aztecas eran indígenas americanos que construyeron un gran imperio en la zona centro y sur de México en los siglos xv y xvi. Eran granjeros expertos. Sus creencias religiosas estaban estrechamente ligadas a los cambios de estación y al calendario. Ofrecían sacrificios humanos a los dioses para obtener buenas cosechas.

El Álamo

Otro intento

Los españoles se dieron cuenta de que necesitaban llevar suministros a sus misiones en el este de Texas de una manera fácil. En 1717 España construyó las iglesias de las misiones de San Antonio de Béxar y de Valero, en San Antonio. Eligieron San Antonio porque se encontraba en el centro de Texas. San Antonio de Valero es más conocido hoy en día como "El Álamo".

Trabajo en equipo

En la mayoría de los casos había dos padres a cargo de las misiones. Uno de los padres se encargaba del funcionamiento diario de la misión. El otro padre se dedicaba a las tareas espirituales, como dar clases de religión y llevar a cabo servicios religiosos.

Tan cerca que incomodan

En general, los presidios se construían más o menos a una milla de las misiones. Los soldados debían estar lo suficientemente cerca de las misiones como para defenderlas de los ataques de los indígenas americanos. Pero construir un presidio demasiado cerca de una misión era una receta para el desastre. Los soldados españoles incomodaban a las tribus amigas. Solían hostilizar a los indígenas americanos para pelear con ellos.

La vida en la misión

Las misiones españolas eran lugares animados. Cada misión era una pequeña villa. Por lo regular, en cada misión había una iglesia, un hospital, un cementerio, casas y talleres. También había jardines, granjas y **pastizales**.

Los sacerdotes españoles, llamados *padres*, vivían y trabajaban en las misiones. Su tarea principal era enseñar a los indígenas americanos sobre el cristianismo. Los padres querían que los indígenas americanos siguieran las enseñanzas de Jesucristo.

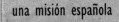

una misión española

Un padre español enseña sobre el cristianismo a indígenas americanos.

Muchos padres obligaban a los indígenas americanos a **convertirse** al cristianismo. Prohibían las prácticas religiosas de los indígenas americanos. Acusaban de brujería y castigaban a los hombres y mujeres a quienes descubrían practicando su antigua religión. Se les azotaba y a veces incluso se les ahorcaba. Los soldados españoles ayudaban a los padres a hacer cumplir estas leyes religiosas.

Los padres no solo deseaban cambiar las creencias espirituales de los indígenas americanos, sino que también su modo de vida. Alentaban a las tribus **nómadas** a establecerse en una villa. Les enseñaban a cultivar la tierra y otros oficios. Querían que los indígenas hablaran y se vistieran como los españoles.

A muchas tribus de indígenas americanos en Texas no les gustaba que se construyeran misiones en sus tierras de caza. Estas tribus hostiles atacaban las misiones. La gran cantidad de ataques obligó a los españoles a abandonar muchas de sus misiones de Texas.

Un buen negocio

Bernardo de Gálvez

El rey Carlos III de España sabía que sus soldados y los indígenas americanos en Texas siempre parecían estar peleando. Él deseaba que Nueva España prosperara. Pero para lograrlo era necesario que mejoraran las relaciones entre los españoles y los indígenas americanos.

El rey le pidió a un soldado llamado Bernardo de Gálvez que encontrara soluciones a estos problemas en Nueva España. Gálvez dijo que España debía tener solo dos misiones en Texas. Entonces España cerró todas sus misiones excepto por las de San Antonio de Bexar y La Bahía.

Gálvez también quería abordar de una manera diferente las relaciones con los indígenas americanos. Los franceses habían vivido ya en paz relativa con los indígenas americanos durante muchos años. Gálvez estudió cómo se comportaban los franceses y elaboró un nuevo plan para España.

Comerciantes franceses negocian con los indígenas americanos en la desembocadura del río Misisipi.

asaltantes comanche

Cambio de manos

Los franceses se adjudicaron el territorio de Luisiana en 1682. En 1762 le cedieron el control a España. Y en el año 1800 España le devolvió el territorio a Francia.

fusil del siglo XVIII

Las tribus comanche y apache en Texas **asaltaban** a los colonos para obtener armas, caballos y otros bienes europeos. Gálvez recomendó que se entablaran **relaciones comerciales** con estas tribus. Si los indígenas americanos podían obtener lo que deseaban a través del comercio, ya no necesitarían asaltar las misiones.

El plan de Gálvez fue un éxito. Los españoles comenzaron a intercambiar armas, caballos, mantas, calderos y cuchillos por pieles de animales y alimentos. Los españoles y los indígenas americanos convivieron pacíficamente en Texas durante muchos años.

Una vida emocionante

Bernardo de Gálvez nació en España en 1746. Comenzó su carrera militar cuando era adolescente. En 1768 llegó a Nueva España, donde dirigió campañas contra las tribus apache hostiles. Gálvez regresó a Europa para estudiar ciencia militar y cultura francesa. En 1777 fue nombrado gobernador del territorio de Luisiana. En esa posición ayudó a los colonos estadounidenses en su lucha contra Gran Bretaña.

El territorio de Luisiana

El territorio de Luisiana se encontraba en el corazón de Norteamérica. El territorio tenía muchos recursos. Uno de los recursos más importantes era el río Misisipi. Este se había convertido en una ruta fundamental para el transporte y el **comercio**.

En el año 1800 Francia controlaba el vasto territorio de Luisiana. La zona separaba a Estados Unidos, en continua expansión, de Nueva España. Aun así, los españoles temían que los estadounidenses tomaran el control de su tierra.

En 1776 los colonos estadounidenses habían declarado su independencia de Gran Bretaña. La población de la nueva nación crecía con rapidez debido a las altas tasas de natalidad y a la **inmigración**. Los estadounidenses necesitaban más espacio para crecer.

Los colonos se aventuraron hacia el otro lado de las montañas Apalaches. Se instalaron en los valles de los ríos Cumberland, Tennessee y Ohio. Su supervivencia dependía de los bienes que enviaban a través del río Misisipi hacia Nueva Orleans.

La compra de Luisiana se anunció a la gente de Nueva Orleans en tres idiomas.

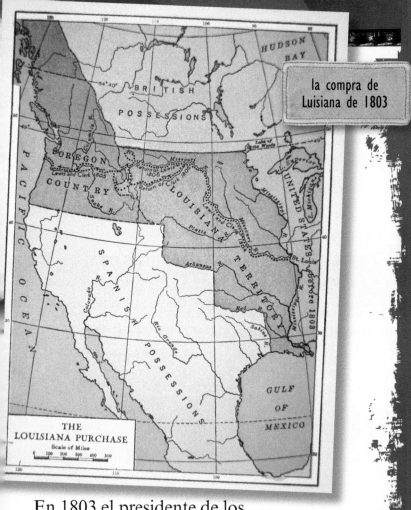

la compra de
Luisiana de 1803

THE
LOUISIANA PURCHASE
Scale of Miles
0   100   200   300   400   500

¡Flor de negocio!

Los EE. UU. pagaron $15 millones por el territorio de Luisiana. El territorio se extendía hacia el oeste desde el río Misisipi hasta las montañas Rocosas, y hacia el sur desde Canadá hasta el golfo de México. El territorio abarcaba 525 millones de acres. A un precio de cuatro centavos por acre, ¡era una ganga!

Explorar y recolectar

En 1804 el presidente Thomas Jefferson envió una expedición a explorar el territorio de Luisiana. Los soldados estadounidenses Meriwether Lewis y William Clark estuvieron al mando del llamado "cuerpo expedicionario". Se encontraron con los indígenas americanos, recolectaron plantas y animales y descubrieron una ruta hacia el océano Pacífico.

En 1803 el presidente de los Estados Unidos, Thomas Jefferson, compró a Francia el territorio de Luisiana. ¡Duplicó el tamaño de la nación de la noche a la mañana! También le dio a Estados Unidos control sobre el río Misisipi y el puerto de Nueva Orleans.

Esta compra eliminó el **amortiguador** que había entre Nueva España y los Estados Unidos. Ahora los dos países eran vecinos contiguos. La invasión estadounidense, tan temida por España, parecía aun más probable.

Independencia mexicana
El padre revolucionario

el padre Miguel Hidalgo

Durante 300 años España controló a México y la zona suroeste de Estados Unidos. Pero en 1810 un sacerdote católico llamado padre Miguel Hidalgo exigió la independencia, o libertad, de México. Él quería poner fin al dominio español de los territorios mexicanos.

Hidalgo nació en 1753. Fue sacerdote en Dolores, México. Le enseñó a la gente local nuevas habilidades y métodos de cultivo. Hidalgo fundó fábricas para hacer ladrillos y artículos de alfarería. Le enseñó a la gente a hacer cosas con cuero y a criar abejas.

La mayoría de los **parroquianos** de Hidalgo eran indígenas americanos y **mestizos** pobres. Los mestizos son personas que tienen ancestros tanto indígenas como europeos. Hidalgo quería ayudarlos a que tuvieran una mejor vida y a que dependieran menos del gobierno.

El padre Hidalgo alienta al pueblo mexicano a luchar por su independencia.

el arresto del padre Hidalgo

¿Hora de la independencia?

En 1808 Francia invadió a España. Muchas personas, incluido Hidalgo, creyeron que era un buen momento para que los mexicanos recuperaran su gobierno, que estaba en manos de España. Ya no querían responder a un rey que estaba al otro lado del océano Atlántico.

Grito de batalla

El 16 de septiembre de 1810 el padre Miguel Hidalgo dio su *Grito de Dolores*. Este es el discurso más famoso de la historia mexicana. Hidalgo preguntó, "¿Recuperarán las tierras que los detestados españoles les robaron a sus antepasados hace 300 años?" Estas palabras dieron inicio a la guerra de independencia de México.

Hidalgo se unió a una sociedad secreta que trabajaba para que México se independizara de España. Pero en 1810 las autoridades lo descubrieron. Sus amigos le advirtieron que debía escapar, pero él no lo hizo.

El 16 de septiembre de 1810 Hidalgo declaró la guerra a España. Alrededor de 800 hombres marcharon con él desde Dolores hacia la capital de México. A lo largo del camino el ejército aumentó a 100,000 hombres. Estuvieron a punto de tomar la capital, pero no lo lograron. Hidalgo fue capturado y asesinado. Hoy en día se le recuerda como el padre de la independencia mexicana.

La lucha por la libertad

El padre Miguel Hidalgo fue asesinado en 1812. Pero la **rebelión** que él había iniciado continuó. José María Morelos pasó a liderar el ejército **rebelde**.

Al igual que Hidalgo, Morelos era un sacerdote católico nacido en México. Él también demostró ser un hábil líder militar. Bajo su mando, los rebeldes ganaron 22 batallas en nueve meses. Expulsaron a los españoles de muchas **provincias**.

En 1813 Morelos reunió a los líderes de las provincias que estaban bajo su control. Les presentó los *Sentimientos de la nación*. Este documento declaraba la independencia mexicana. Establecía un nuevo gobierno, ponía fin a la esclavitud y eliminaba las divisiones raciales.

Luego de la reunión el ejército rebelde sufrió una serie de derrotas. En 1815 Morelos fue capturado y asesinado. Pequeñas bandas de rebeldes continuaron atacando al ejército español. Sin embargo, hacia 1820 la rebelión prácticamente había sido aplastada.

el padre José María Morelos

En 1821 muchas de las personas **leales** a España que vivían en México se enojaron con los españoles. Sentían que España no trataba a los españoles que vivían en México de manera justa. Entonces, decidieron sumarse a la lucha por la libertad de México. En 1821 las fuerzas rebeldes vencieron al ejército español. Finalmente, México había obtenido su independencia.

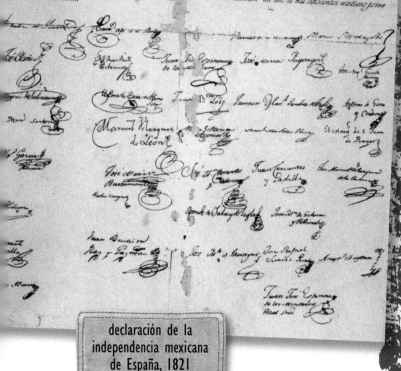

ACTA DE INDEPENDENCIA
DEL
IMPERIO MEXICANO
PRONUNCIADA POR SU JUNTA SOBERANA,
CONGREGADA EN LA CAPITAL DE ÉL EN 28 DE SETIEMBRE DE 1821

declaración de la independencia mexicana de España, 1821

Líder siervo

En la reunión del congreso los representantes dieron a José María Morelos el rango de *generalísimo,* o "general". Las personas se hubiesen dirigido a él como *Su alteza,* pero Morales rechazó la idea. En cambio, pidió que se le llamara *Siervo de la nación.*

El futuro de México

Un general que antes era leal a la corona española, pero que se convirtió en líder rebelde, propuso un plan para el futuro de México. Agustín de Iturbide prometió tres cosas: que México sería una monarquía independiente, que las personas nacidas en México y en España tendrían los mismos derechos y que la religión oficial continuaría siendo la católica romana. La mayoría de los mexicanos estaban de acuerdo con este futuro.

La colonización de Texas

Atraer a los colonos

Cuando España gobernaba Texas, tenía dificultad para convencer a las personas para que se establecieran allí. Las personas tenían miedo del clima árido y de los indígenas americanos hostiles. Los españoles necesitaban una barrera humana más fuerte para proteger la frontera norte. Por lo tanto, le dieron tierras a grupos pequeños de colonos españoles que estaban dispuestos a mudarse a Texas.

Estos colonos vigorosos desarrollaron un nuevo modo de vida. El clima caluroso y seco no era adecuado para los cultivos. Pero en Texas había millones de acres para que los animales pastaran libremente. Los colonos se convirtieron en **rancheros**. Es decir, se ganaban la vida criando y vendiendo ganado, especialmente reses. Vendían sus animales en las regiones sureñas de Nueva España.

cabaña de un ranchero de Texas

A principios del siglo XIX no había muchas personas en Texas. Los colonos tenían poca protección contra los asaltos comanches. Los indígenas americanos todavía representaban una amenaza más grave para los españoles que los colonos estadounidenses.

Ataque de los indígenas comanche a los colonos.

En 1820 España comenzó a ofrecer tierra a los estadounidenses que prometieran llevar colonos a Texas. A estos líderes se les llamó *empresarios.* Este método de **reclutar** residentes para Texas se conoce como el *sistema de empresarios.*

La llegada del ganado

Los españoles comenzaron a introducir ganado en Nueva España en la década de 1690. En la década de 1730 las primeras manadas ya pastaban cerca de San Antonio y Goliad. Servían de alimento para los misioneros y los soldados de la zona.

un Texas Longhorn

Los *Texas Longhorns*

En los inicios de la colonización de Texas las pequeñas reses de cuerno largo *(long-horn)* españolas se cruzaron con reses del este. El resultado fue una raza de reses con cuernos largos, piernas largas y cuerpos delgados. Eran animales inteligentes, aptos para vivir en las llanuras calurosas y secas de Texas. A estos animales se les conoce como *Texas Longhorns.*

Los primeros 300

Moses Austin era un hombre de negocios audaz. Hizo su fortuna en la industria minera del plomo, primero en Virginia y luego en Misuri. Pero las malas decisiones comerciales lo dejaron sumido en deudas.

Moses sabía que un empleo común no le alcanzaría para pagar las cuentas, por lo que se le ocurrió una idea fuera de lo común. Moses quería crear una colonia estadounidense en Texas. En 1820 viajó a San Antonio para obtener el permiso del gobernador español.

colonos en Texas

Durante el viaje de regreso a casa Moses se enfermó. Cuando llegó a Misuri en enero de 1821 supo que los españoles le habían dado el permiso para formar una colonia estadounidense. ¡Moses sería el primer empresario! Rápidamente comenzó a hacer planes.

Desafortunadamente, Moses nunca se recuperó de su enfermedad. Su deseo antes de morir fue que su hijo, Stephen F. Austin, estableciera la colonia. Pero alrededor de la fecha en que murió Moses México se independizó de España. El destino de la colonia era incierto.

Stephen F. Austin fue autorizado a hacerse cargo del contrato de empresario de su padre. En 1821 comenzó a llevar colonos estadounidenses a Texas. Los colonos se asentaron a orillas del río Brazos, cerca de lo que hoy es Houston. Los 300 colonos iniciales de la colonia de Stephen se conocen hoy en día como "los primeros 300".

Stephen F. Austin

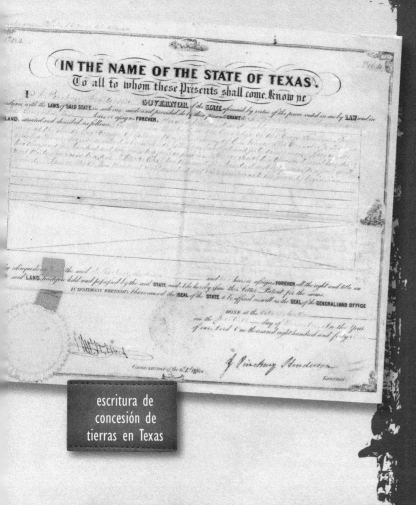

escritura de concesión de tierras en Texas

El padre de Texas

En su juventud, Stephen F. Austin había estado a cargo de los negocios de minería de plomo de su padre. También había sido integrante del cuerpo legislativo de Misuri. Cuando su padre murió, el hombre de 27 años estaba comenzando de nuevo. Se había mudado a Luisiana para estudiar derecho y trabajar como editor de un periódico.

A Austin no le entusiasmaban los planes de su padre para establecer una colonia en Texas. Pero el último deseo de su padre fue que Austin estableciera la colonia. Así que, por respeto a él, Austin renunció a sus planes propios. Estableció la colonia, y hoy se le conoce como "el padre de Texas".

colonos inscribiéndose para la colonia de Austin

Planificar con anticipación

La colonia de Stephen F. Austin en Texas fue una de las más exitosas de la historia. Esto gracias a una cuidadosa planificación. Austin deseaba que el sueño de su padre se hiciera realidad.

En 1821 Austin exploró la costa del golfo para escoger la ubicación perfecta. Eligió la tierra fértil entre los ríos Colorado y Brazos. Los rancheros podían obtener al menos una **legua** de tierras de pastoreo para alimentar su ganado. Una legua equivale a 4,428 acres. Los granjeros podían obtener una **labor** de tierra para cultivos. Una labor equivale a 177 acres. Los colonos pagarían a Austin 12.5 centavos por acre.

Austin publicó anuncios de la colonia en los periódicos de todo el país. Muchas personas respondieron. Austin seleccionó con cuidado a los colonos. Él estaba a cargo del éxito de la colonia. También estaría a cargo de la ley y el orden. Por lo tanto, Austin buscaba personas honestas, dispuestas a trabajar duro.

Una vez elegidos, los colonos debían comprometerse a seguir algunas reglas. México exigía que los colonos se convirtieran, es decir, que cambiaran de religión al catolicismo. Los colonos debían tener solvencia moral. Debían comprometerse a aprender el idioma español. Y debían jurar lealtad a Agustín I, el emperador de México. México quería que los colonos fueran súbditos leales.

Agustín I, emperador de México

Una compra ventajosa

En 1821 Estados Unidos todavía se estaba recuperando de una crisis económica. El precio de la tierra había subido a casi $1.25 por acre. Texas era atractiva para los estadounidenses debido al precio bajo de la tierra. Muchas personas incluso estaban dispuestas a cambiar de religión para poseer tierras en Texas.

Una historia de éxito

Stephen F. Austin fue el primer empresario y el más exitoso. Entre 1821 y 1828 obtuvo cuatro contratos para llevar a 1,200 colonos a establecerse en Texas. Como parte del sistema de empresarios, Austin obtenía tierras según la cantidad de colonos que llevara a Texas. Para 1834 ya había recibido 197,000 acres de tierra a modo de bono para sí mismo.

Establecerse

Austin trabajó duro para que sus colonos tuvieran éxito. Decía, "Los cuido como a una gran familia a mi cargo". Los colonos veían que realmente les importaba y lo trataban con gran respeto.

Hasta que eligieron a sus propias autoridades, Austin actuó como policía, juez y departamento de obras públicas de la colonia. Emitía títulos de propiedad de la tierra a los nuevos colonos. Resolvía los conflictos entre vecinos. Escribía leyes y las hacía cumplir. Austin incluso compraba, con su propio dinero, suministros para ayudar a los recién llegados a establecerse. Defendió la colonia de los ataques de los indígenas americanos. Incluso exploró la costa e hizo mapas de la zona.

Stephen F. Austin prepara a los habitantes de Texas para luchar contra los indígenas americanos en 1824.

Austin todavía cuida de Texas.

Los primeros colonos de Texas debían cultivar o fabricar todo lo que necesitaban. No había tiendas, restaurantes o caminos. Las familias vivían en pequeñas cabañas hechas de troncos. Comían maíz y cerdo y bebían café en todas las comidas. Cuando necesitaban ropa nueva, la hacían con pieles de animales.

La llegada de la civilización

En 1824 Stephen F. Austin fundó la primera ciudad de la colonia, San Felipe de Austin. Comenzaron a aparecer tiendas y hospedajes. Había una escuela y un depósito hecho de troncos, que también servía de iglesia católica. En 1829 una imprenta comenzó a publicar un periódico y el primer libro impreso en Texas.

Los colonos también tenían ante sí una tarea difícil. Ellos querían que se les otorgara la mayor cantidad de tierra posible. Así que la mayoría de las familias se inscribían como rancheros y como granjeros al mismo tiempo. Esto significaba que cada familia recibía casi 5,000 acres de tierra.

En cuanto los colonos llegaban a Texas debían limpiar la tierra, cultivar y construir casas. Dado que Austin había elegido colonos trabajadores, casi todos tenían éxito. Más estadounidenses comenzaron a mudarse a Texas. Para 1830 más de 1,500 familias vivían en la colonia de Austin.

Rompen las reglas

Los mexicanos temían una invasión estadounidense. No querían que los estadounidenses tomaran el control de Texas. Deseaban tener una frontera norte llena de ciudadanos mexicanos leales.

Austin alentaba a sus colonos a que cumplieran con las leyes de su nueva tierra. Tenía una buena relación con las autoridades mexicanas. Mantenía la paz con sus vecinos nacidos en México, ya que los trataba con justicia.

Pero a medida que más estadounidenses cruzaban la frontera se hacía más difícil que siguieran las reglas. Las autoridades mexicanas se pusieron nerviosas. Muchos de los nuevos colonos eran **usurpadores**, sin títulos de posesión de la tierra. Eran estadounidenses pobres que elegían terrenos y se apropiaban de ellos. Los usurpadores no cumplían con las leyes.

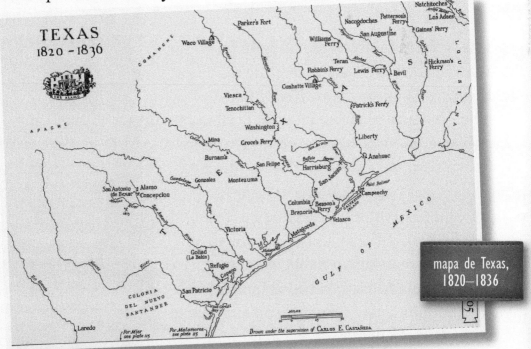

mapa de Texas, 1820–1836

Esclavos cosechando algodón en el sur.

Una observadora vivaz

Mary Austin Holley era prima de Stephen F. Austin. Visitó Texas en 1831 y luego publicó sus observaciones. El libro, llamado *Texas*, fue el primer libro sobre la región escrito en inglés.

Cambio de opinión

Austin creía que no podía atraer a suficientes colonos a Texas si no permitía la esclavitud. Sabía que muchos sureños no se mudarían a menos que pudieran llevarse a sus esclavos. Por lo tanto, le pidió al gobierno mexicano que cambiara de opinión sobre la esclavitud. En 1828 México lo hizo. Sin embargo, en 1830 Austin comenzó una campaña silenciosa para poner fin a la esclavitud en Texas.

Otro de los problemas era la esclavitud. A los colonos estadounidenses se les permitía llevar a sus esclavos a Texas. Pero la mayoría de los residentes de Texas nacidos en México estaban en desacuerdo con la esclavitud. Les resultaba difícil vivir en medio de la esclavitud. Esto provocaba tensión entre vecinos.

Andrew Jackson

Una nueva revolución

Para 1828 más de 20,000 estadounidenses vivían en Texas. Los estadounidenses eran más que los mexicanos. En algunas zonas, ¡los superaban en cantidades de hasta 10 a uno!

En ese entonces Andrew Jackson fue elegido presidente de Estados Unidos. Jackson no ocultaba sus planes de expandir Estados Unidos. Le ofreció a México comprarle Texas, pero los mexicanos se negaron a vender.

Para asegurar su control sobre la región el gobierno mexicano aprobó la Ley del 6 de abril de 1830. Esta ley prohibía a los estadounidenses mudarse a Texas. A los colonos estadounidenses no les gustó esta ley y muchos simplemente la ignoraron.

Pronto quedó claro que México no podía hacer cumplir la nueva ley, por lo que en 1834 levantó la prohibición. Hacia 1835 ¡más de 1,000 estadounidenses se mudaban a Texas cada mes!

En 1834 el general Antonio López de Santa Anna se convirtió en presidente de México. Él limitó la autoridad de los gobiernos locales. Algunas personas se rebelaron, pero Santa Anna las venció. La **brutalidad** de Santa Anna puso nerviosos a los estadounidenses, por lo que Austin comenzó a planear la independencia de Texas. Pronto los residentes de Texas, tanto de origen estadounidense como mexicano, se unieron para luchar en la Revolución de Texas.

Antonio López de Santa Anna

El "Napoleón del Oeste"

Antonio López de Santa Anna nació en México en 1794. Sus padres eran colonos españoles de clase media. Santa Anna se unió al ejército español y luchó contra los rebeldes liderados por el padre Miguel Hidalgo en 1810.

Luego, Santa Anna cambió de bando. Luchó contra el ejército español casi al final de la guerra de independencia de México. Era un soldado valiente, pero también cruel y hambriento de poder. Se llamaba a sí mismo, con orgullo, el "Napoleón del Oeste", en referencia al despiadado dictador francés.

El Álamo al inicio de la Revolución de Texas

Glosario

amortiguador: una barrera que protege de algo dañino

asaltaban: atacaban súbitamente; robaban o destruían la propiedad

asentó: estableció un lugar para vivir

brutalidad: comportamiento cruel y despiadado

colonia: un país o área bajo el control de otro país; el grupo de personas que viven ahí

comercio: la compra y venta de bienes y servicios

conquistador: un explorador español de las Américas en el siglo xvi

convertirse: adoptar creencias religiosas nuevas

empresarios: personas que recibían tierra de parte del gobierno mexicano a cambio de que establecieran un asentamiento y reclutaran gente para que viviera en él

hemisferio occidental: la parte del mundo que incluye a Norteamérica y Suramérica

hostiles: muy poco amigables

inmigración: el acto de mudarse a un país nuevo

labor: una parcela de terreno que mide 177 acres, otorgada para cultivos

leales: personas que apoyan a su gobernante durante un conflicto

legua: una parcela de terreno que mide 4,428 acres, otorgada para pastoreo de ganado

mestizos: gente mexicana de descendencia tanto indígena como europea

misión: un puesto religioso y militar establecido por los españoles durante la colonización

misioneros: gente que comparte su fe religiosa con los demás, especialmente en otros países

nómadas: que no tienen hogar fijo; que se mueven con las estaciones del año en busca de alimento

parroquianos: gente que vive dentro del área de actividad de una iglesia católica española ocupada por soldados de ese ejército

pastizales: tierra que se usa para que el ganado se alimente

presidio: un fuerte

provincias: distritos o regiones de un territorio

rancheros: gente que cría ganado, por ejemplo vacas y caballos

rebelde: un soldado que se opone al gobierno que está en el poder

rebelión: resistencia abierta al gobierno de uno

reclutar: seleccionar a alguien, o conseguir sus servicios

relaciones comerciales: relaciones basadas en la compra y venta de bienes

usurpadores: gente que se asienta en un terreno sin tener derecho a él

Índice

¡Es tu turno!

El clima caluroso y seco de Texas dificultaba la agricultura. Pero las amplias llanuras eran perfectas para criar ganado. Los españoles introdujeron las reses en Texas por primera vez en la década de 1690. Las reses servían de alimento para los soldados y los misioneros. Las reses españolas se cruzaron con reses del este. El resultado fue una raza de reses con cuernos largos, piernas largas y cuerpos delgados. Estos animales eran conocidos por su inteligencia y su capacidad para crecer y desarrollarse en las llanuras calurosas y secas de Texas. A estos animales se les conoce como *Texas Longhorns*.

Tributo a los *Texas Longhorns*

Escribe un haiku sobre los *Texas Longhorns* para honrar a este símbolo de Texas. Un haiku es un poema de tres versos, con cinco sílabas en el primer verso, siete sílabas en el segundo y cinco sílabas en el tercero.